ISBN : 2-7320-3285-9
IMPRIME EN FRANCE
19,95 $

RUDYARD KIPLING

Comment le Léopard se fit des taches

Traduction nouvelle de
François Dupuigrenet Desroussilles

Gravures sur bois de
May Angéli

Editions du Sorbier

En ces jours-là, ma Préférée, tout commençait. Le Léopard vivait dans un pays qu'on nommait le Haut-Veldt, attention, pas le Bas-Veldt, Veldt de la Brousse, ou le Veldt Amer, mais ce Haut-Veldt désertique, brûlant, éblouissant, où tout n'était que sable, rochers couleur de sable, et touffes d'herbe sablonneuse, par le fait. Là vivaient la Girafe, le Zèbre, l'Eland, le Kudu et le Bubale, et par le fait ils étaient jaunes et bruns et sablonneux de la tête aux pieds. Mais le plus jaune et brun et sablonneux de la troupe, c'était le Léopard. Il avait

l'air d'une espèce de gros chat gris et jaune, on ne peut mieux assorti à la grisaille brunâtre du Haut-Veldt. Cela n'arrangeait pas les affaires de la Girafe, du Zèbre, et des autres non plus, car il lui suffisait de se tapir contre un rocher ou derrière une touffe d'herbe jaune-gris-brun, par le fait, et quand passaient la Girafe, le Zèbre, l'Eland, le Kudu, le Bush-Buck ou le Bonte-Buck, il n'avait aucun mal à les surprendre pour couper court à leurs vies bondissantes. C'était comme ça !

Il y avait aussi un Ethiopien, avec son arc et ses flèches (et par le fait il était tout jaune et gris et brun à ce moment-là), qui vivait sur le Haut- Veldt avec le Léopard. Ils chassaient ensemble - l'Ethiopien avec ses flèches, le Léopard avec ses dents et ses griffes, par le fait - tant et si bien que la Girafe, l'Eland, le Kudu, le Quagga, et j'en passe, ne savaient plus où donner de la tête, mon Adorée. C'était comme ça !

Après un grand moment - on vivait vieux en ce temps-là - les bêtes apprirent à éviter tout ce qui pouvait ressembler à un Léopard ou à un Ethiopien.

Et petit à petit - c'est la Girafe qui commença, à cause de ses grandes jambes - elles quittèrent le Haut-Veldt. Pendant des jours et des jours elles avancèrent, jusqu'à ce qu'elles fussent parvenues dans une grande forêt remplie d'arbres et de buissons, par le fait, et toute rayée, toute mouchetée, toute bigarrée d'ombres.

Elles s'y dissimulèrent, et après un autre grand moment, à force de rester à moitié dans l'ombre, à moitié au soleil, à force de passer et repasser sous l'ombre caressante des grands arbres, la Girafe se couvrit de taches, le Zèbre de rayures, et l'Eland, comme le Kudu, virent apparaître sur leur dos de petites lignes grises et ondulées comme l'écorce d'un tronc d'arbre.

Du coup, si on les entendait et si on les sentait toujours, on ne les voyait plus que très rarement, et seulement lorsqu'on savait de quel côté regarder.

Pendant que les bêtes se donnaient du bon temps sous les ombrages mouchetés de la grande forêt, le Léopard et l'Ethiopien couraient le Haut-Veldt tout rouge et jaune et brun, et se demandaient où avaient bien pu passer leurs petits déjeuners, leurs dîners et leurs quatre heures. Ils finirent par avoir si faim qu'ils se

mirent à manger des rats, des cafards et des lapins des rochers, le Léopard et l'Ethiopien, tant et si bien qu'ils eurent le gros Mal au Ventre, tous les deux à la fois. Sur ces entrefaites, ils rencontrèrent Baviaan - le Babouin aboyeur, à tête de chien -, qui est de loin le Plus Avisé des Animaux de toute l'Afrique du Sud.

Le Léopard dit à Baviaan (c'était un jour de grosse chaleur) :

- Où est passé tout ce gibier ?

Baviaan cligna de l'oeil. Pour le savoir, il le savait !

L'Ethiopien dit à Baviaan :

- Peux-tu me dire quel est présentement l'habitat de la Faune aborigène ? (Cela voulait dire exactement la même chose, mais, en véritable adulte, l'Ethiopien aimait faire des phrases.)

- Le gibier a été appelé à d'autres tâches, et si tu veux mon avis, Léopard, tu auras des taches nouvelles toi aussi.

L'Ethiopien dit :

- Tout cela est bel et bon, mais je voudrais savoir où a émigré la Faune aborigène.

Baviaan dit alors :

- La Faune aborigène s'en est allée rejoindre la Flore aborigène car les temps étaient venus, et si tu veux mon avis, Ethiopien, tu devrais partir sans perdre un instant. Pour toi aussi l'heure du changement a sonné.

Le Léopard et l'Ethiopien étaient tout ébaubis, mais ils partirent à la recherche de la Flore aborigène, et voici qu'après bien des jours, ils virent se dresser une grande forêt, très haute et très vaste, et toute pleine de troncs d'arbres où l'ombre se découpait en mille signes, lignes,

marques, plaques, taches, bigarrures, mouchetures, marbrures et éclaboussures. (Essaie de dire ça à haute voix le plus vite possible, et tu verras qu'il y en avait, des ombres, dans la forêt.)

- Quel est donc, dit le Léopard, cet endroit si sombre, par le fait, où pourtant brillent tous ces petits éclats de lumière ?

- Je ne sais pas, dit l'Ethiopien, mais ce doit être la Flore aborigène. Je peux sentir la Girafe, je peux l'entendre, mais impossible de la voir.

- Bizarre, dit le Léopard, mais c'est sans doute parce que nous venons du grand soleil. Je peux sentir le Zèbre, je peux l'entendre, mais je ne le vois pas.

- Attends un peu, dit l'Ethiopien. Il y a si longtemps qu'on ne les a pas chassés. On ne sait peut-être plus de quoi ils ont l'air.

- A d'autres ! dit le Léopard. Je me souviens parfaitement d'eux quand ils étaient sur le Haut-Veldt. Et de leurs os à moelle, donc ! La Girafe mesure environ dix-sept pieds de haut, et de la tête aux pieds elle est jaune d'or brillant, par le fait. Quant au Zèbre, il mesure dans les quatre pieds et demi, et de la tête aux pieds il est gris-beige, par le fait.

- Hum, dit l'Ethiopien en jetant un coup d'oeil aux ombres bariolées de la Flore et forêt aborigènes. Si c'était le cas, ils devraient se voir comme bananes mûres au milieu d'un fumoir. Mais non.

Le Léopard et l'Ethiopien chassèrent tout le jour. S'ils pouvaient sentir et entendre les bêtes, impossible d'en voir la moindre.

- Pour l'amour du ciel, dit le Léopard quand l'heure du thé fut venue, attendons qu'il fasse noir. Cette chasse en plein jour tient du scandale.

Ils attendirent la tombée de la nuit. Soudain le Léopard entendit quelque chose qui respirait dédaigneusement sous la lumière des étoiles, et sur laquelle l'ombre des branches dessinait des

rayures. Il sauta dessus et ça sentait le Zèbre, ça avait la consistance du Zèbre, mais impossible de le voir.

Aussi dit-il :

- Tiens-toi tranquille, individu sans forme aucune ! Je vais rester assis sur ta tête jusqu'à demain matin parce qu'il y a quelque chose en toi que je ne comprends pas.

Mais voilà qu'il entendit un grognement, puis un bruit de lutte, et l'Ethiopien hurla :

- J'ai attrapé quelque chose, mais impossible d'y rien voir. Ça sent la Girafe, ça rue comme une Girafe, mais ça n'a pas de forme connue.

- Méfie-toi, dit le Léopard. Reste assis dessus jusqu'au matin, exactement comme moi. On dirait que les choses manquent de forme par ici.

Et comme ça, ils attendirent le lever du jour.

Le Léopard dit :

- Frère, qu'y a-t-il à manger de ton côté ?

L'Ethiopien se gratta la tête et dit :

- Quelque chose qui devrait être jaune d'or brillant des pieds à la tête, par le fait, et alors ce serait une Girafe. Mais c'est tout couvert de taches marron. Et toi, Frère, qu'as-tu à manger de ton côté ?

Le Léopard se gratta la tête et dit :

- Quelque chose qui devrait être gris-beige des pieds à la tête, par le fait, et alors ce serait un Zèbre. Mais c'est tout couvert de rayures noires et rouges. Qu'est-ce qui t'est arrivé, mon pauvre Zèbre ? Tu ne sais donc pas que dans le Haut-Veldt je pouvais te voir à dix miles à la ronde ? Tu n'as plus aucune forme !

- C'est vrai, lui dit le Zèbre, mais nous ne sommes plus sur le Haut-Veldt. Tu n'y vois donc plus ?

- J'y vois à présent, dit le Léopard. Mais hier, impossible. Comment expliques-tu cela ?

- Laissez-nous partir, dit le Zèbre, et nous vous montrerons.

Ils laissèrent le Zèbre et la Girafe partir, et le Zèbre se dirigea vers de menus buissons d'épines sur lesquels le soleil jetait de petites ombres rayées, tandis que la Girafe gagnait un bouquet de grands arbres aux larges taches d'ombre.

- Maintenant, regardez bien, dirent le Zèbre et la Girafe. Voici comment on doit s'y prendre. Un, deux, trois ! où est passé votre petit déjeuner ?

Le Léopard ouvrit de grands yeux, l'Ethiopien aussi, mais ils ne voyaient rien d'autre, dans la forêt, que des ombres rayées ou tachetées. De Zèbre et de Girafe, pas la moindre trace. Ils étaient tout simplement retournés à l'abri des ombres de la forêt.

- Hi ! Hi ! dit l'Ethiopien. Le tour est si bon qu'il vaudrait la peine de l'apprendre. Prends-

en de la graine, Léopard. Tu m'as tout l'air d'un morceau de savon dans un seau à charbon !

- Ho ! Ho ! dit le Léopard. Tu ne seras sans doute pas surpris d'apprendre que dans cet endroit sombre tu ressembles à s'y méprendre à un cataplasme sur un sac à charbon !

- Bon, se traiter de tous les noms ne nous donnera pas à dîner, dit l'Ethiopien. Le fin mot de l'histoire, c'est que nous ne sommes pas assortis au décor. Je vais suivre le conseil de Baviaan. Il m'a dit de changer, et comme je n'ai rien à changer que ma peau, je m'en vais la changer de ce pas.

- Qu'est-ce que tu vas en faire ? demanda le Léopard au comble de l'excitation.

- Je vais la teindre en un coquet marron bien sombre avec une pincée de violet et quelques touches de bleu ardoise. Ce sera épatant pour se cacher dans les creux et derrière les arbres.

Et tout à trac, il changea de peau. Le Léopard était de plus en plus excité car c'était bien la première fois qu'il voyait un homme changer de peau.

- Et moi, alors ? dit-il lorsque l'Ethiopien eut logé son dernier petit doigt au fond de sa belle peau noire toute neuve.

- Tu n'as qu'à suivre le conseil de Baviaan. Il t'a parlé de taches, n'est-ce pas ?

- Non, de tâches, et je me demande bien lesquelles.

- Pas du tout, il voulait parler de taches sur la peau, tiens !

- Pour quoi faire ?

- Pense à la Girafe, dit l'Ethiopien. Ou bien si tu préfères les rayures, pense au Zèbre. Ils n'ont pas l'air mécontents de leurs taches et de leurs rayures.

- Hum ! dit le Léopard. Je ne voudrais pas ressembler au Zèbre... Jamais de la vie !

- Comme tu veux, mais décide-toi vite, dit l'Ethiopien. Je serais désolé d'aller chasser tout seul. Je devrai m'y résoudre si tu t'obstines à ressembler à un tournesol contre une palissade goudronnée.

- Bon, alors va pour les taches, dit le Léopard. Mais ne les fais pas trop grosses. C'est vulgaire. Je n'ai pas envie de ressembler à la Girafe. Pas pour tout l'or du monde.

- Je te les ferai du bout des doigts, dit l'Ethiopien. Ma peau est bien assez noire. Viens par ici !

L'Ethiopien mit ses cinq doigts ensemble (sa nouvelle peau était bien assez noire) et les appuya contre la peau du Léopard. Partout où il appuyait ses cinq doigts apparaissaient cinq petites marques noires bien rapprochées. Tu peux les voir, Ma Préférée, sur n'importe quel Léopard. Quelquefois ses doigts glissaient et les marques se brouillaient un petit peu, mais si tu regardes de près tu verras les cinq taches qu'ont laissées cinq gros doigts noirs.

- Là ! Tu es superbe maintenant, dit l'Ethio-

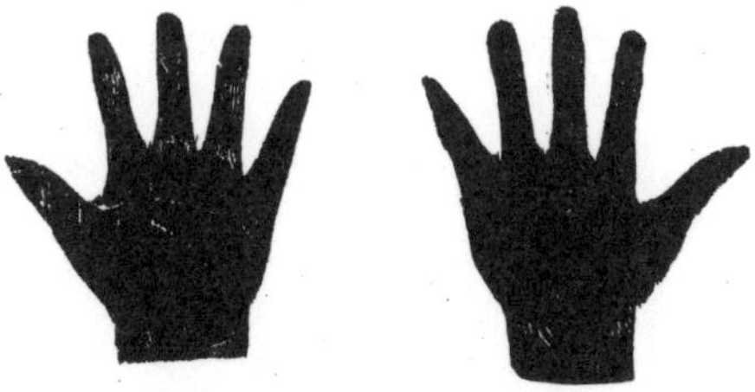

pien. Si tu t'allonges par terre on te prendra pour un tas de caïlloux, et si tu te tapis contre un rocher tu auras l'air d'un morceau de poudingue. Tu peux t'allonger sur une branche feuillue et ressembler au soleil filtrant entre les feuilles, ou te coucher au milieu du chemin et ne ressembler à rien. Ça ne te fait pas ronronner ?

- Mais si je suis tout cela, dit le Léopard, pourquoi ne t'es-tu pas fait de taches, toi aussi?

- Parce que le noir sied mieux aux nègres, dit l'Ethiopien. Vite, allons régler son compte à Monsieur Un-Deu-Trois-Où-Est-Passé-Votre-Petit-Déjeuner !

Puis ils s'en allèrent et vécurent heureux à jamais, Ma Préférée. Et voilà tout. Oh, bien sûr, il t'arrivera d'entendre des adultes se demander gravement si un Ethiopien peut changer de peau, ou un Léopard enlever ses taches. Crois-tu que même des adultes pourraient dire pareilles bêtises si le Léopard et l'Ethiopien ne l'avaient pas fait au moins une fois. Mais ils ne le feront plus. Ils sont trop contents comme ça.